LES ROYAUMES DU ROYAUME, LES MONTAGNES ET LE TRÔNE DE LA GRÂCE

Écrite par
Lindi Masters

Illustrée par
Lizzie Masters

Écrite par
Lindi Masters©

Illustrée par
Lizzie Masters©

"LES ROYAUMES DU ROYAUME, LES MONTAGNES ET LE TRÔNE DE LA GRÂCE"
Copyright© 2021

Histoire écrite par Lindi Masters
Illustrée et conçue par Lizzie Masters
Traduite par Barbara Burke, The Silver Quill
burkebarbara56@gmail.com

Remerciements à IGNITE KIDZHUB © et à tous les enfants qui participent du monde entier pour leurs œuvres de créativités.

Un remerciement spécial à nos mentors et amis Ian Clayton et Grant Mahoney, sans qui nous n'aurions pas exploré ces royaumes.

Cette édition publiée en 2021 © Seraph Creative

Tous les droits sont réservés. Aucune partie de cette publication ne peut être reproduite, stockée dans un système d'extraction ou transmise sous quelque forme ou par quelque moyen que ce soit ; électronique, mécanique, photocopie, enregistrement ou autre sans l'autorisation préalable du détenteur des droits d'auteur. Aucune partie de ce livre, les illustrations incluses ne peuvent être utilisées ou reproduites sans l'autorisation écrite de l'éditeur.

ISBN 978-1-922428-58-5

Ce livre appartient à :
_____

LES ROYAUMES DU ROYAUME.

- ÉTERNITÉ
- PERFECTION
- CIEL DES CIEUX
- PARADIS
- ROYAUME DU PARADIS
- ROYAUME DE DIEU
- ROYAUME DE LA TERRE

Le paradis est un endroit merveilleux. Il est dans une autre dimension et est disponible pour que vous puissiez le visiter à tout moment.
Le ciel a de nombreuses dimensions.
Ce n'est pas seulement un endroit.

Jean 14 verset 2 dit : 'Dans le cœur de mon Père, il y a plusieurs dimensions.'

ROYAUME DE DIEU

ROYAUME DE LA TERRE

LE ROYAUME DE LA TERRE

Le Royaume de la Terre est l'endroit où se trouve la cour mobile.

C'est là que l'accusateur nous accuse.

C'est là que nous obtenons le pardon et les parchemins et c'est où l'accusateur ha-satan est jugé.

1 Jean 1 verset 9

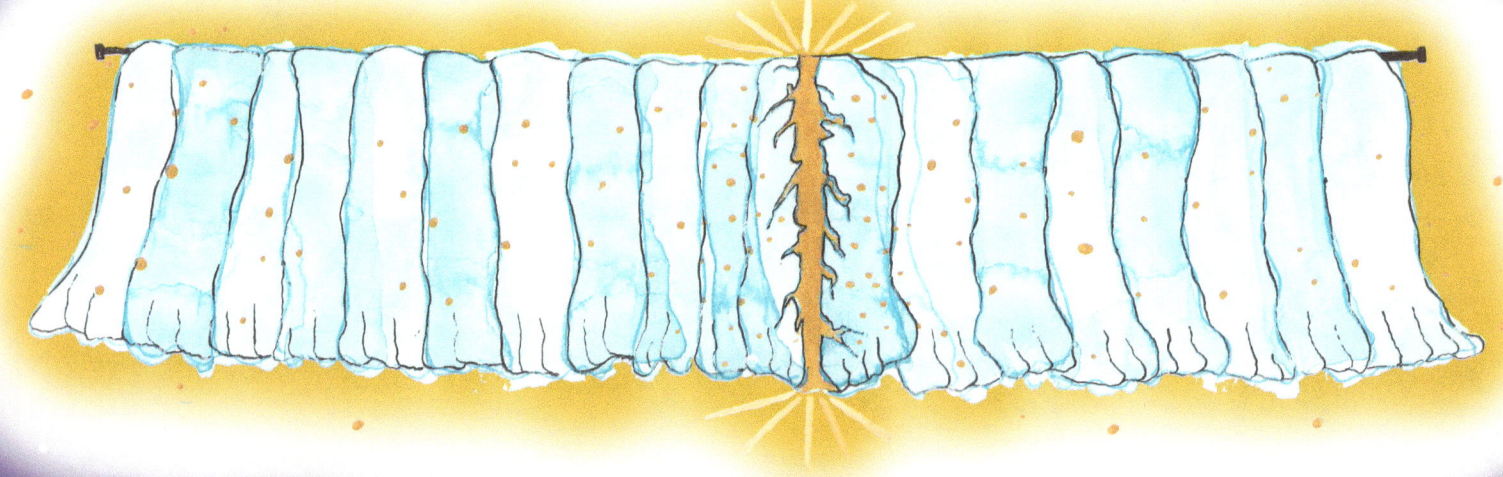

ROYAUME DE DIEU

Nous entrons dans le Royaume de Dieu par le voile de YHVH יהוה et de Son sang.

C'est la manière nouvelle et vivante.

Dans l'atmosphère céleste se trouve le royaume de Son gouvernement.

Hébreux 10 verset 19-20

ROYAUME DU PARADIS

Dans le Royaume des Cieux, nous trouvons les royaumes de domination.

Dominion signifie où nous pouvons commander, avoir le pouvoir et régner en tant que seigneurs.

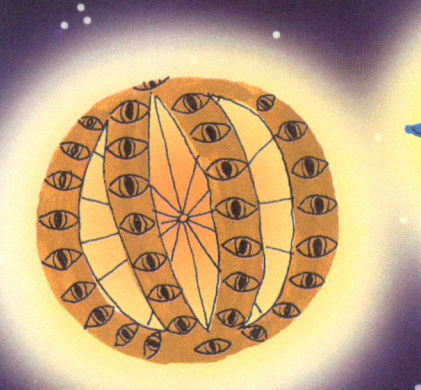
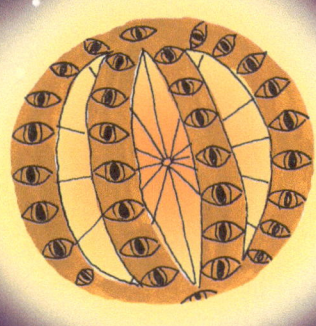

PARADIS

C'est dans ce royaume où Yahweh, YHVH יהוה, vit et c'est là où vous opérez comme un Roi.

Dans ce royaume nous trouvons la Cour Extérieure, la Cour Intérieure et le Saint des Saints.

CIEL DES CIEUX

C'est ici où nous pouvons opérer en tant que roi des rois.

C'est le lieu de Son règne.

Lorsque vous êtes en charge de quelque chose ou de ce que vous dirigez, vous en avez le contrôler.

PERFECTION ET ÉTERNITÉ

La perfection est la place de Son gouvernement, c'est la cour où les 70 chanceliers siègent et gouvernent.

L'éternité est le lieu de Sa présence.

MONTAGNES

Nous avons tous des montagnes que Yeshua nous a données.

Les montagnes reflètent toujours une place de la gouvernance dans nos vies.

S'il y a des dragons sur vos montagnes, vous pouvez les tuer avec l'épée de l'Esprit.

Vous pouvez vous asseoir sur la montagne de votre vie et régner.

1 Pierre 2 verset 9
'Mais vous êtes le trésor choisi par Dieu. Les prêtres qui sont des rois.'

Entraînons-nous.

 Ferme tes yeux

Traverses le voile de Sa chair

Fais un triangle avec vos mains

Chantes יהוה à travers ce triangle

 Regardes la montagne de ta vie.

LE TRÔNE DE LA GRÂCE

Le trône de la grâce n'est pas là où se trouve le tribunal itinérant.

C'est un endroit où n'importe qui peut recevoir Sa miséricorde et trouver grâce. Et Dieu nous aide et nous donne Sa miséricorde lorsque nous en avons besoin.

Entrez par le voile de Sa chair dans le trône de la grâce.

Venez à Son trône et dites : 'S'il Vous plaît, donnez-moi grâce et miséricorde pour m'aider parce que j'ai un besoin'.

Cet endroit est une place intéressante où le Saint-Esprit vous amène dans la dimension de Yahweh à chaque fois que vous en avez besoin.

AMEN!

Hannah- South Africa

Anne Marie- USA

Carla- Australia

The twenty-four elders fall down before Him who sits on the throne and worship Him who lives forever and ever, and cast their crowns before the throne... Revelations 4:10

Jeiel- UK

Out of my heart shall flow rivers of living water   John 7:38

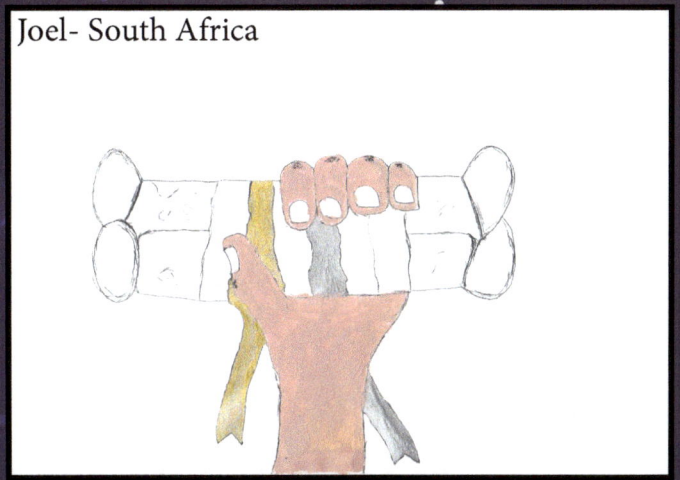

Joel- South Africa

Luke- Australia

Naomi- Australia

Hendriette- UK

Katie- USA

Carla- Australia

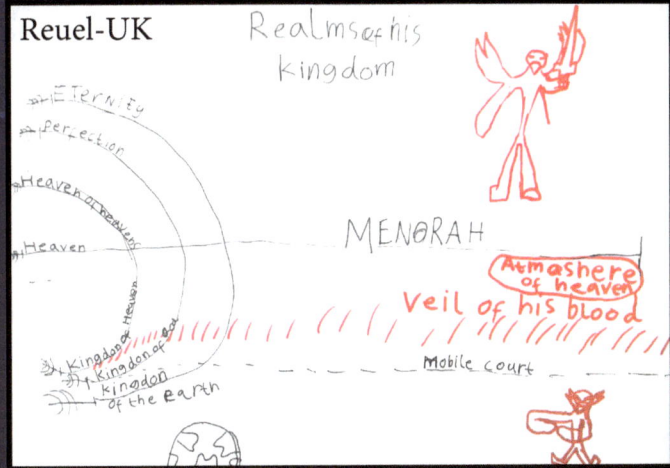

Izak- UK

Nate- South Africa

Tatum- Australia

Judah- UK

Jeiel- UK

Ce livre est le troisième d'une série créée pour inciter les enfants à explorer et à s'engager dans les royaumes de Yahweh.
Nous examinons de plus près les royaumes du royaume, les montagnes et le trône de la grâce.